On voudrait pouvoir s'arrêter là.

Rester à la ferme du haut avec une vie dure et sédentaire,
Païens dans nos croyances toutes pleines des histoires qu'on raconte.

Ne plus s'entendre dire bougre d'âne à la ville.

Cependant, l'appréhension d'une mélancolie
à nulle autre pareille nous en détourne et nous demeurons à la ville pressés de nous perdre.

Photo de couverture : Lus-la-Croix-Haute, juin 1993

ISBN : 2-907655-18-3 et 2-9501713-7-0

LA DRÔME
DES TENDRESSES

Sont de Dominique Errante les textes des pages 17, 19, 29, 31, 35, 41, 61, 77.

LA DRÔME DES TENDRESSES

Voyage au cœur d'un terroir

Photographies Dominique ERRANTE
Textes Alain CHATRE

Collection Mémoire de la Drôme

EDITIONS PEUPLE LIBRE & NOTRE TEMPS

LA BELLE MOISSON

Les collines déhanchées, le chemin qui se perd, la terre qui rougeoie, les ciels échevelés, les eaux rêveuses, les champs de saison, les maisons ocres, les fleurs, les fruits, les animaux, cela fait un pays dans lequel passent les hommes depuis des siècles. Cela fait aussi une histoire de la Drôme que ce photographe a illustré de belle manière avec sa boîte de couleurs. Dominique Errante et son Nikon ont fait équipe et en route ils ont rencontré Alain Châtre, un poète qui accompagne chaque image de sa musique. La moisson est belle, et elle a l'accent du terroir.

L'âne dans le pré de boutons d'or est un vrai personnage, tout autant que le pèlerin d'Herbouilly dans les graminées, le gisant veillé par un vivant à Valence, le petit chat roux flâneur de Chabeuil ou le nuage frisé comme un mouton qui gambade dans le ciel de Montfroc. Ils font partie de la pièce comme le tilleul ensoleillé des Baronnies, les peupliers de la vallée bleue de Vesc, les sillons ourlés de neige, les lavandes enfin grises, les soleils des kakis. Dans le décor, on trouve aussi les façades peintes sous les vignobles de l'Hermitage, Autichamp enchâssé sous un ciel de plomb, Chanos-Curson inondé de brume, la tour de Crest qui émerge comme une mariée d'une campagne fauve, les nuées sur le plateau du Vercors où s'est égaré un seul coquelicot, la terre bleutée d'Arnayon. Et puis il faut voir les cabanes caractéristiques de la campagne, la borie de Ferrassières qui pointe son dôme au sommet d'un champ de tweed, la maisonnette de Saillans enguirlandée de vignes blondes et de terres pâles peignées comme un jardin. Enfin j'ai aimé le kiosque de Peynet, solitaire, sous une magnifique neige beige dans le Champ-de-Mars déserté de Valence.

Errante a bien joué de l'objectif, et la mémoire de la Drôme s'est enrichie d'un album sensible sur l'un des plus beaux pays de France.

Pierre VALLIER

Président de
Mémoire de la Drôme

Gigors et Lozeron, novembre 89

Près du petit, il promène sans tourment
Le vieux sait que l'enfant partira
Le vieux sait que l'enfant garde toujours dans son cœur
Une ferme du Sud avec le chemin pour y revenir.

Le Chaffal, juillet 95

Valence, janvier 94

J'aime ta peau et caresser tes rêves enneigés.
Enigmatique, ton sourire vient de si loin.
Dors mon bel amour, dors encore dessous l'hiver.
Nue comme un banc
Tout contre toi mon espérance est sans limite.

Buis-les-Baronnies, juillet 94

Le Grand-Serre, décembre 94

Sous le sourire de ses rides
Une âme s'attache à ne pas trop donner
d'importance à la chose.

Valence, novembre 94

Valence, avril 92

Dans le beau jardin public toutes nos pudeurs sont privées.
On y attend, on y joue.
On s'y promène, on s'y console, et puis merveilleusement on y aime
et tous les bancs deviennent bateaux ivres.

Léoncel, juillet 94

Ferrassières, juillet 94

Je vais,
Dans l'abandon
Que n'ai-je besoin de toit ?
Le ciel m'a tout gonflé de providence.

Saint-Marcel-lès-Valence, mars 94

Saillans, octobre 93

Aux poussières d'or
Jamais de repos.

La Baume-Cornillane, mars 94

Saint-Jean-en-Royans, novembre 90

Guirlandes de soies blanches,
A trop couler dans mon regard
Mon bonheur est barbare
Et je pleure sans raison.

Saillans, novembre 91

Châtillon-Saint-Jean, novembre 92

L'hiver sans étoiles.
Un arbre apprend à être son propre jour.

Lachau, octobre 93

Etoile, mai 94

On dit toujours garder les bêtes
Mais les bêtes nous gardent plus encore

Et nos secrets aussi.

Glandage, mars 94

Montfroc, mai 94

Beau danseur dessus les plaies.
D'un clin d'œil d'azur,
L'amandier se met en joie.
La gravité de son âge n'entame en rien sa verdoyante clarté,
Porteuse d'amandes douces.

Barcelone, janvier 94

Loriol, mars 95

Mars véniel,
Dentelle rose du péché.

Clérieux, mars 91

Truinas, novembre 94

Dans ton ventre bien rond
Bénie soit ta douce pénombre.

Loriol, avril 95

La Chapelle-en-Vercors, juillet 94

Lance toi mon âme au ciel intemporel
Lance toi d'où tu viens et à nouveau séjournera.

Venterol, février 95

Chanos-Curson, novembre 94

De gloria en gloria
L'esprit du vin courait sur la colline.

Jaillans, mai 92

Le chat
sait tout cela.
L'incurable nostalgie
de l'enfance
la mélancolique
gaieté des femmes
mal aimées
la solitude
du vieillard
qui se tourne
contre le mur
pour mourir.

C'est peut-être
pour cela
qu'il contemple
si bien la nuit.

Chabeuil, octobre 93

Séderon, octobre 93

Saint-Martin-en-Vercors, juillet 90

Dans l'ombre où pleure ma mémoire
Une canne en deuil promène un souvenir.

Arnayon, octobre 93

Die, novembre 93

Un,
Ici-même où j'ai disparu.

Pierrelatte, mars 95

Triors, octobre 89

Aux alentours des morts qui me sont chers
Un enfant s'attarde sur le bras de la pucelle somptueuse
Retour à l'ineffable douceur des terrasses de l'enfance catholique
Dans l'épaisseur des jours, j'éprouve tant bien que mal mon désarroi.

Châtillon-en-Diois, août 94

Le chapeau
surtout
fascinait l'enfant
qui échangeait
avec lui
des imaginations.

Crépol, mai 92

Saint-Julien-en-Vercors, juillet 94

Autichamp, décembre 93

Je me sens pèlerin d'antan.
J'envisage à nouveau l'espérance.

Saint-Martin-le-Colonel, octobre 90

Montrigaud, janvier 91

Regarde où je respecte
Une immense tendresse les entraîne vers le monde
Le temps passe, le temps est peut-être déjà passé
Ne pleure pas mon cœur mon enfance est en toi. Intacte.

Lesches-en-Diois, mars 94

Valence, janvier 94

Plus n'est besoin de montre
L'éternité ne compte pas.

Valence, juillet 95

Valence, avril 94

Poussez les portes de nos regards, rieuses immatures.
Venez semer vos fêtes dans nos jardins secrets,
Rendez à l'enfant qui pleure en nous son innocence perdue.
Il y a tant de sud en vous.
Votre désir de vivre prévaudra et le sourire des petites jupes de la mer, en leur miroir magique.

La Rochette-du-Buis, mai 94

Romans, avril 91

Parfums de terre, animales senteurs,
Dans la lumière de printemps, tous mes rêves au soleil
Et là tout près, une secrète détresse
Qui tôt ou tard l'emportera.

Le Poët-Sigilat, juillet 94

Eurre, janvier 94

Toujours une pierre m'appelle
Une pierre qui n'a pas renoncé.
Trouverai-je le courage d'aller jusqu'à elle.
Trouverai-je enfin le courage de renoncer aux armes
Et d'avouer ma fatigue. Transit de la terre.

Peyrus, octobre 94

Saint-Martin-en-Vercors, mai 94

Toutes fleurs à l'intérieur
Une longue plainte m'advient
Mille voix, mille gestes, mille visages égarés, psalmodient :
« Ne m'oubliez pas ! »
Et nous passons notre vie à oublier.

Crest, décembre 93

Montclar-sur-Gervanne, février 95

Au loin,
Le chant d'un coucou

Epris d'infini.

Pontaix, novembre 91

Vesc, novembre 94

Coule ma vie
Je t'aime avec ta peine
Garde-la près du cœur
Elle me sauvera d'orgueil.

Montélimar, novembre 94

Léoncel, juillet 93

Il fallait la voir marcher devant avec sa canne et son chapeau.
Elle murmurait en patois des mots qu'on ne comprend qu'au pays.
Avec ses yeux bleus tout délavés par les épreuves de sa vie,
Il fallait l'entendre prendre les cieux à témoin contre la terre.
O mémé chérie, sur mon cœur tu marches encore.

Romans, septembre 91

Blanche et divine
Ma pouliche
se console
d'un pas de danse.

« La pauvre bête »
dirait ma mère.

Val-Maravel, juillet 94

Grignan, février 95

Die, février 95

Abri des jours de pluie
Ombrage des amours d'été
Dans sa vertigineuse présence
Le cabanon n'est jamais seul.

Saint-Eulalie-en-Royans, avril 95

Petites demoiselles
font la pause
Leur candeur
est sacrée
Mais nos âmes
sont aveugles
Voilà notre défaite.

Hauterives, septembre 86

Saint-Julien-en-Vercors, mai 94

Mercurol, mars 91

Frémissante et promise à l'union
Je t'espère
Robe de joie toute parée de blanches cerises.

Combe-Laval, novembre 90

Ferrassières, mai 94

Approchez-vous !
C'est l'âme miel.
Elle porte en elle
Les secrets de la reine.

Taulignan, janvier 94

Le Poët-Laval, janvier 95

Le vent du nord glace le sang des arbres,
J'existe à peine.

Nyons, février 95

La Chapelle-en-Vercors, janvier 94

Pareil aux gargouilles suaves
Silencieusement
L'ours a résisté.

Montmaur-en-Diois, juillet 95

Montéléger, mai 94

Accroche-toi à la grappe
Joli coquelicot.
L'éphémère est plus doux dans l'ivresse et l'oubli.

Boulc, mars 94

Romans, janvier 91

Qui es-tu poète ? - premier alarmiste.
Tes limites sont la peau même où tu sues, pénétrant l'indicible.
Voyeur éclairé, ose l'éther du soir.
Riverain essentiel accroche-toi au scandale tout humide de chaud. Rivalise de joliesse avec la vague légère,
Embaume la puanteur de l'aube, ne rechigne pas au vertige, pas de retour, jamais, jamais, jamais...

Pierrelatte, mars 95

Valence, janvier 95

Contre le mur des blanches églises,
Elle s'offrait au soleil et prétendait en riant
Que Dieu avait du cœur au ventre.

Tain l'Hermitage, décembre 92

Valence, février 94

C'est de péniche galante que je coule mes jours
Et c'est tout cadeau
D'un clin d'œil
Le vieux bateau tout blanc tout bleu
Qui se repose d'un long voyage.

Saint-Laurent-en-Royans, novembre 90

Hauterives, mars 94

Que retenir du voyage ?

Le chemin seul ira plus loin que nous.

Alain CHATRE est originaire du Centre de la France, il en a gardé la nostalgie du terroir, mais aussi un goût ancré du dialogue avec l'invisible. Autant à l'aise dans les registres graves, que dans une prose plus légère, il est l'interprète attentif de nos changements d'humeur. Toujours fidèle à la magie des mots, on peut dire de lui, sans aucune restriction, que c'est un homme de parole.
Il a publié en 1995, en collaboration avec la photographe Nicole PRIVAL, *Le Jardin des Soupirs*, aux éditions Peuple Libre.

Dominique ERRANTE est un photographe d'origine italienne, pour qui la photographie est un mode de recherche de soi-même, une forme de poésie instantanée susceptible de nous fondre dans l'initimité du monde. Nous montrant ce que nous ne voyons plus, toujours là où on ne l'attend pas, il peut nous faire glisser d'un paysage sublime de solitude, à une humanité à fleur de peau, sur laquelle son émotion nous tient à l'œil.
Lauréat du ministère de l'environnement en 1993, il collabore avec Mémoire de la Drôme depuis 1994.

Les deux compères ont déjà à leur actif *Amoureuses collines*, ouvrage publié en 1993 par la ville de Romans.

Remerciements pour leur soutien aux Etablissements Deval,
à la société Cariane et à la Régie Voyage Drôme.

par Achevé d'imprimer
en mars 1996
IMPRIMERIE LIENHART
à Aubenas d'Ardèche

Dépôt légal mars 1996
N° d'imprimeur : 8197
Printed in France

Conception de la couverture :
Roland Salti

Photo des auteurs :
Olivier Chomis